G

23339

DE L'ÉTAT MORAL

ET

POLITIQUE DE L'EUROPE.

IMPRIMERIE DE FIRMIN DIDOT FRERES,
RUE JACOB, N° 24

DE L'ÉTAT MORAL

ET

POLITIQUE DE L'EUROPE

EN 1832;

Par l'auteur de la Revue politique de l'Europe
en 1825, des Nouvelles Lettres provinciales, des
Destinées futures de l'Europe, du Traité politique
de l'Éducation publique, etc., etc., etc.

PREMIER DISCOURS

AU ROI.

A PARIS,

CHEZ LADVOCAT, LIBRAIRE
DE S. A. R. LE DUC D'ORLÉANS,
RUE DE CHABANAIS, N° 2.

—

1832.

AVERTISSEMENT.

Cet ouvrage, qui paraît sous le titre *de l'État moral et politique de l'Europe*, se compose de trois Discours au Roi. Cette division nous permet de les publier séparément et successivement.

Le premier Discours fait l'examen des fautes et des torts de la politique française.

Le second signalera les dangers qui menacent la France et l'Europe, et les écarts de la politique étrangère.

Le troisième Discours traitera des moyens que l'ordre social possède encore, de se préserver de son entière dissolution.

Cette dernière partie renfermera les vues sommaires d'un système européen assis sur des bases plus certaines.

A SA MAJESTÉ

Le Roi de France.

Sire,

J'ai vu le jour de votre règne, long-temps avant votre avénement. En étudiant les fautes des rois vos prédécesseurs, j'ai prédit leur inévitable infortune. Le premier bruit de leur chute a retenti dans mes écrits. J'ai subi le sort commun à ceux qui annoncent des malheurs. Dans l'histoire profane, comme dans l'histoire sacrée, la persécution n'a jamais manqué à la prédiction.

Sire, c'est peu d'avoir présagé votre règne, il faut en parler. La matière en est triste, noble et haute, et digne des plus graves méditations. Je vous apporte les miennes. Ne rejetez point une voix qui jusqu'ici ne s'est point fait entendre en vain, qui a son écho dans les ruines qu'elle a prophétisées, et sur les marches du trône où vous êtes assis.

Je suis, avec un profond respect,

Sire,

De Votre Majesté

Le très-humble et très-obéissant serviteur

***

DE L'ÉTAT MORAL

ET

POLITIQUE DE L'EUROPE.

DISCOURS AU ROI.

*Scio ego quàm difficile atque asperum
factu sit consilium dare Regi.*
SALL. ad Cæsarem.

Sire,

Vous régnez. Ce n'est point l'ambition, c'est le salut d'un grand peuple qui vous a fait roi. Vous n'avez point arraché la couronne, elle est tombée dans vos mains. Votre vertu est restée pure et entière dans une possession qui n'était pas la vôtre, et qui l'est devenue par une de ces forces irrésistibles qui soumettent toutes les lois et toutes les volontés. Non-seulement vous êtes roi, mais vous n'aviez pas même le pouvoir de ne pas l'être. La France avait à choisir entre vous et la ruine publique, entre vous et la plus imminente anarchie, entre vous et la guerre civile et européenne, entre vous, chef de l'ordre social, et la dissolution complète du corps politique.

La France, en ses périls, s'est tournée vers vous, Sire, et si vous ne vous étiez pas tourné vers elle, elle vous eût traité comme le second coupable des crimes et des malheurs dans lesquels elle se voyait précipitée. Jamais la nécessité n'a fait un roi plus impérieusement; jamais elle n'accorda moins de temps à la réflexion. Sa loi était tyrannique et brève; elle était pour la

France : *un roi*, *ou un règne de sang*, et pour vous : *la couronne, ou la proscription.* On ne délibère point sur l'abîme ; celui qui délibère, y tombe. C'eût été vertu de vous sacrifier pour l'honneur d'un principe ; mais c'eût été crime de sacrifier la France. Un homme ne se pèse point avec tout un peuple, ni une vie privée avec l'existence de la patrie ; ce peuple d'ailleurs était dans son jour de despotisme ; il vous a commandé d'être roi ; vous n'aviez qu'à plier sous la couronne. En la prenant, aucune de vos vertus n'a péri, et vous avez sauvé la France.

Malheureusement, une grande journée se borne souvent à elle-même et à elle seule. Son éclat s'éteint avec elle, et ne rejaillit point sur celles qui la suivent. Il semble qu'un grand génie préside aux grandes catastrophes, et que les suites en sont livrées à l'esprit vulgaire. Les hommes d'État, dépositaires de vos nouvelles destinées, se sont effrayés de la grandeur des événements. Se jugeant incapables de s'en rendre maîtres, et de les diriger dans une voie de sagesse, ils se sont abandonnés au hasard de leur cours, et ils vous ont entraîné dans leur effroi et leur dépendance. Vous plaçant avec eux sur leur pente, bien loin de tempérer leur action, ils en ont pressé le mouvement de tout leur poids et du vôtre. Au lieu d'enchaîner leur politique à des principes fermes et invariables, ils ont forcé votre génie à se soumettre à leurs mobiles combinaisons.

Les rois formés dans une tempête ont long-temps un règne orageux. Toute chose tient de sa nature. L'histoire de tant de règnes en porte témoignage, et Votre Majesté en fait la funeste expérience.

Vous régnez ; mais votre trône est élevé sur les abîmes. L'histoire offre peu d'exemples d'une royauté ébranlée par tant d'attaques, et jetée sur tant d'écueils. Votre grand Aïeul cependant s'est ouvert son chemin vers le trône à travers de plus affreux précipices. Il y est parvenu glorieux et triomphant. Mais il y a de la différence dans les deux siècles. Le sien fut signalé par des fureurs, le vôtre se signale par ses dédains. A cette époque le roi seul était en péril ; aujourd'hui c'est le roi et la royauté même ; on la poursuit en vous, on vous poursuit dans elle. Les rois périssent dans les siècles passionnés ; la royauté peut périr dans un siècle dédaigneux.

Assez ordinairement, Sire, tout l'avenir d'un règne est dans son début. Cela est vrai surtout pour les princes qui s'élèvent du chaos, et qui reçoivent la mission de coordonner les éléments dispersés ou confondus. Avant d'examiner sur quels premiers fondements il fallait asseoir votre royauté, nous nous replacerons dans l'état où étaient les choses avant sa création.

L'Europe était en paix et reposait sur ses traités solennels. Son système de pondération, quoique ouvrage imparfait du génie politique, n'avait jamais été meilleur. Il renfermait des éléments d'une paix plus stable, et d'harmonie plus générale. L'équilibre qui tend à s'établir entre les forces européennes avait été un peu plus étudié, et du moins il avait apaisé pour quelque temps toutes les prétentions souveraines.

L'ambition de l'Angleterre semblait devoir s'arrêter aux colonies françaises et hollandaises ajoutées à ses vastes possessions. La Prusse, long-temps impatiente d'étendre ses limites, avait pris confiance dans son agrandissement, et avait ajourné ses autres vœux. La Russie, plus menaçante pour l'Asie que pour l'Europe, était ce qu'on ne peut l'empêcher d'être, colossale, mais éloignée, perdant de sa force par la distance. Le royaume des Pays-Bas, la plus belle création politique des temps modernes, s'il eût été plus étendu, était placé au milieu des grands empires, comme pour les préserver de tout contact immédiat. l'Espagne, ramenée à son enceinte de mers et de montagnes, n'excitait désormais ni crainte, ni jalousie. La France imprudemment agrandie dans ses guerres révolutionnaires, rentrée dans ses limites éternelles posées par Louis XIV, était ce qu'elle doit être, et même tout ce qu'elle peut être dans son intérêt personnel et dans l'intérêt général. L'Autriche, par des traités réparant toujours ses désastres, avait vu la balance pencher pour elle du côté de l'Italie, contrée qu'il sera toujours difficile, dans l'état où elle est, d'accommoder à un système général.

Ce grand plan n'était point achevé, et ne pouvait l'être encore. Il reproduisait les imperfections des anciens systèmes, et qui sont plus particulièrement inhérentes à l'état politique de l'Italie et de l'Allemagne. Nous examinerons ailleurs ces questions d'existence que le temps seul peut mûrir et résoudre. L'Europe gravite lentement vers sa perfection politique.

Les seules modifications pressantes que demandait cette balance européenne, étaient d'une admission facile, mais nécessaire. Elles ôtaient tout prétexte au mécontentement, et emportaient les dernières plaintes. La France était dépossédée de quelques places-frontières. C'est une mauvaise politique d'ôter peu à un grand empire; il faut lui ôter beaucoup, ou rien, car en lui ôtant peu, on ne lui ôte ni l'envie, ni la puissance de reprendre ce qu'on lui a ravi; il fallait donc les lui rendre. Il fallait aussi affranchir le royaume des Pays-Bas de la tutelle des autres puissances. Tels étaient les deux points principaux qui devaient réunir toutes les approbations sur les derniers traités, et compléter ses garanties présentes.

Les États de second ordre n'étaient pas peut-être en assez juste proportion, soit par leur nombre, soit par leur force, avec la nouvelle étendue des grands empires. Leur prépondérance est indispensable à la fixité de tout équilibre. C'est sagesse de l'augmenter, c'est imprudence de l'affaiblir. Il n'en est pas de même des États de dernier ordre, dont l'existence mal assurée est plutôt nuisible que favorable à tout plan d'harmonie. Les trop petits États, qui ne peuvent jamais être des nécessités politiques, ne sont que des objets de convoitise, un aliment et une proie pour l'ambition, et par cela même un empêchement à tout ordre durable. Ils ne peuvent acquérir de l'importance que par une fédération facile à démembrer dans les convulsions politiques. L'embarras et l'inquiétude qu'ils causent et qu'ils partagent, font suffisamment sentir la nécessité de réduire le nombre de ces faibles États, et de former de leur ensemble des États de second ordre. A mesure que la science politique s'étendra sur des principes plus larges, elle réunira tous ces peuples sans importance, pour leur en donner une devenue nécessaire à un grand ensemble monarchique; c'est alors qu'ils seront en harmonie avec les grands États, et en estime dans le monde politique. Il n'était pas au pouvoir du dernier congrès [1] d'opérer de si heureux changements. S'ils ont été proposés, ils n'étaient point arrivés à leur temps de maturité ; ces vastes compositions politiques doivent être préparées dans les esprits, avant de pouvoir atteindre leur exécution matérielle. Ce n'est même qu'au sein des guerres générales que ces grandes créations sont possibles.

Mais quelques défauts que le temps eût découverts dans ce plan politique, il était assez heureusement combiné, pour faire espérer à l'Europe une paix pleine et durable, et tous les avantages qui découlaient sans efforts du besoin d'un long repos, et de la confiance rétablie entre les peuples.

Mais si la combinaison des forces matérielles de l'Europe peut en quelque sorte

---

[1] En 1815.

s'établir, la combinaison des forces morales n'est pas soumise aux mêmes calculs, et les créations du génie politique sont déjouées par cet autre génie des peuples, qui produit et place une force morale à côté ou au-dessus d'une force matérielle. Cette force morale, par l'extension qu'elle a prise, est devenue le grand élément de la politique moderne, et on ne peut désormais toucher aux ressorts de cette politique, sans lui assujettir toutes les combinaisons sociales.

Quoi qu'il en soit, lorsque ce plan politique fut assis et fondé en Europe par le triple ascendant de la force, de la raison et de la nécessité, il ne lui manquait que la sanction du temps. Elle dépendait de la prudence des gouvernements, et ils pouvaient se la promettre, avec d'autant plus de fondement que les plus puissants et les plus habiles commençaient, dans les derniers temps, à entrer dans des voies de justice et de modération, et qu'ils étaient aidés par les prospérités publiques que les derniers traités avaient fait renaître, et qui ont attesté la sagesse de leurs combinaisons.

Les choses avaient été conçues pour cet avenir d'espérances, lorsqu'un roi, ne voulant point s'avancer dans cet avenir, et se complaisant dans les souvenirs d'un passé irrévocable, tenta cette chimère de remonter le cours des temps. Il voulut ramener la France à ses âges reculés, la faire rentrer violemment dans les conditions de son ancienne existence, et en un mot rendre la puissance à la volonté. Désavouant le pacte qu'il avait juré, il brisa ses serments et les institutions de son pays. Il prétendit enchaîner la force morale de sa nation. L'entreprise était vaste et le péril plus grand ; il rouvrit l'abîme populaire, et d'abord il l'ouvrit sous lui ; mais le roi est tombé, et l'abîme reste ouvert, menaçant d'engloutir les rois infidèles et fidèles, et déja le plus fidèle y a été précipité.

Un roi qui tombe donne une secousse au monde ; tout résonne sous le poids de sa chute ; l'Europe entière en est ébranlée : mais entre la chute et l'ébranlement, il y a un intervalle rapide, une clarté d'éclair où l'œil du génie découvre ce qui peut tempérer la commotion ; ce génie a manqué à ceux qui ont tenu les rênes politiques dans ce terrible passage d'un roi qui tombe à un roi qui s'élève.

L'Europe était constituée ; un roi tout à coup se déclare violateur des lois de son pays. L'attentat est puni aussitôt qu'il éclate ; jusque là l'édifice politique n'en souffre aucune atteinte. Par la victoire, le peuple offensé obtient plus que ses prières ne demandaient. Fier et heureux de sa conquête, son ambition s'y arrête et se borne à ce que rien n'en trouble la possession. Ses vœux ne se portaient point au-delà de la patrie vengée; c'était là, c'était dans son sein qu'il fallait concentrer son triomphe: mais pour qu'il fût respecté au dedans, il fallait tout respecter au dehors ; c'était la loi de justice sans laquelle tout est faute ou crime dans l'ordre moral et politique, et qu'un peuple ou un roi la viole, l'attentat est le même; c'est cette même violation qui a terni la dernière révolution de France et l'a rendue coupable aux yeux de la philosophie et de l'Europe, car par elle-même elle ne l'était point. Le peuple français a été violateur envers les autres peuples, comme son roi l'avait été envers lui. Son roi déchira le pacte des lois; et lui, il déchira les traités solennels sur lesquels reposait l'Europe, oubliant qu'il avait eu un roi[1] qui avait mis en maxime qu'on doit garder sa foi, *même aux barbares :* tant il est dangereux de porter atteinte à la morale des nations !

Sans doute chez un grand peuple sensible à l'offense, ardent à la vengeance, il était impossible d'opérer une révolution semblable à celle qui replaça la maison de Bragance sur le trône de Portugal, révolution sans désordre, sans secousse, sans bruit même, pure du sang du peuple et pure du sang des rois ; ces révolutions sont les phénomènes de l'histoire ; mais s'il était inévitable de tomber dans une convulsion intérieure, il était du moins possible de ne point la porter au dehors. On a accusé la force des

---

[1] Louis IX.

événements : on les a déclarés supérieurs aux hommes; cela veut dire qu'il ne s'est point trouvé d'hommes supérieurs à eux, et il faut appliquer à notre époque ce qui a été dit dans une autre : Les grands hommes ont manqué aux grandes affaires : *Magna negotia, magnis adjutoribus egent*[1]. Il est rare qu'une révolution ne soit pas l'occasion d'une grande gloire pour un guerrier ou pour un magistrat, et qu'elle ne révèle un génie supérieur ou une vertu éminente. Dans celle-ci, il n'est pas sorti une haute renommée de tant d'événements célèbres, ni un grand cœur du sein de tant de passions nationales.

Heureuses les révolutions où les grands principes de justice universelle n'ont point été violés; qui n'excitent ni les plaintes des

---

[1] Patercul..., lib. II, Hist...

rois, ni les reproches des peuples; qui ôtent tout prétexte à les combattre et tout motif de s'en défier! Elles justifient leurs causes; elles assurent leur durée. La justice ne se modifie point; elle est la même pour un seul homme ou pour tout un peuple; rien n'est louable, rien n'est glorieux en dehors d'elle.

Nous examinerons, Sire, si la révolution qui vous a fait roi, a conservé ce sacré caractère, si votre Conseil a bien compris tout le danger de lui porter atteinte; si la politique de votre gouvernement a été assise sur cette renommée d'honneur et de probité que Votre Majesté s'était acquise dans l'Europe, et si en effet elle a été conçue dans la gloire et les intérêts de la France.

Vous montez sur le trône : tous les rois de l'Europe saluent votre avénement; rien ne fait obstacle à votre élévation; vous êtes admis dans la famille des rois, comme si l'ordre de succession n'eût pas été interrompu ; les souverains vous considèrent comme le conservateur de l'ordre social mis en péril par l'imprudence de vos prédécesseurs ; ils croient voir en vous un plus sûr garant des traités qui lient la foi de tous les peuples de l'Europe ; tous vous témoignent une confiance qui est la première sauvegarde de votre nouveau trône. Un règne d'harmonie commence entre eux et vous ; dans ce grand événement, il serait injuste de faire aucun reproche aux rois.

Tout à coup une sédition éclate à côté de la révolution de France : elle éclate contre le gouvernement le plus libéral de l'Europe, contre un roi vanté pour le plus sage des rois, qui le premier vous a tendu sa main royale. L'Europe attentive a les yeux sur vous ; les rois inquiets observent votre conduite; ils l'attendent pour juger vos principes politiques, pour voir quel système vous allez fonder, quel choix vous allez faire entre l'ordre et la révolte. C'était le moment fatal de poser un principe immuable, d'imprimer à la nouvelle royauté un éclatant caractère de justice et de grandeur, d'inspirer une confiance généreuse à tous les gouvernements alarmés; c'était un de ces moments suprêmes qui sont donnés aux Souverains comme une imposante occasion de proclamer toute la morale d'un empire, et mettre au jour les nobles ressorts dont il veut faire usage.

Il n'en faut point douter, ces hauts sentiments ont rempli et animé le cœur de Votre Majesté, et si vos généreux desseins y sont restés ensevelis, il ne faut en accuser que la politique vulgaire qui a prévalu, dans ce temps d'égarement, sur cette politique magnanime qui vous était propre, et qui devait vous conquérir l'admiration des rois et le respect des peuples.

Au lieu de cette marche élevée, la seule digne de Votre Majesté, une politique inhabile vous a entraîné dans des voies contraires, qui ont jeté la défiance et la crainte dans tous les cabinets. Une hostile éloquence s'est emparée de la tribune et du conseil. On a dit à l'Europe trop confiante : *Pour la France en révolution, toutes les révoltes sont des événements heureux. Le royaume des Pays-Bas est une œuvre de la Sainte-Alliance ; détruisons ce rempart qu'elle a élevé contre la France!* Une voix même, à côté du trône, s'est écriée : *Quel coup de fortune pour la France que la révolte de Belgique!* C'était, Sire, assimiler votre règne à ces temps insensés où cette France, attendant d'un coup de vent la conquête de l'Angleterre, se mettait *sous la protection des tempêtes*[1]; c'était aussi mettre votre trône sous la protection des révoltes. Quelle politique! est-elle de Rome, ou d'Athènes, ou du Comité de salut public? Mais pesons la valeur de ces déclamations!

La première question qui doit être posée dans le conseil d'un roi, est la question de justice, comme dans les beaux temps de Rome, ou sous le ministère de votre grand Aïeul; la seconde est celle d'utilité. En Angleterre, comme à Carthage, la question d'utilité passe la première, et dans le conseil de France aussi, elle a obtenu la priorité. Mais le juste et l'utile ont également manqué à cette politique. Il est heureux pour l'honneur de la morale que les

---

[1] Discours de M. Pitt, en 1792.

bons succès manquent aux mauvais conseils.

La révolution belge, produit de l'union monstrueuse du fanatisme religieux et de l'esprit démagogique, n'avait aucune affinité avec la révolution philosophique de France. La nouvelle royauté française se trouvait, au contraire, en parfaite harmonie avec le généreux gouvernement des Pays-Bas. Votre Conseil savait ou devait savoir que c'est une faute capitale en politique de faire cause commune avec des gouvernements opposés de principes. On conçoit la reine Élisabeth et Henri IV faisant ligue avec tous les protestants d'Europe; on conçoit Charles-Quint et Philippe II faisant ligue avec tous les catholiques romains; mais comment concevoir le gouvernement libéral de France détruisant le gouvernement libéral des Pays-Bas, et faisant cause commune avec le fanatisme brute de la Belgique? Cela est à peine croyable, et cela est cependant. Des fautes de cette nature ne peuvent être commises que dans un pays où il n'y a point de système politique, où l'on change de desseins autant que de ministres, où il n'y a point de volonté, ni de sentiment stable, où il y a une politique pour chaque jour et pour chaque événement, dans cette France enfin où l'esprit est si variable et la pensée si peu profonde. *Gallia mente levis.*

Que si votre Conseil alléguait qu'il ne connaissait pas le caractère de la révolution belge, il donnerait une étrange idée de sa pénétration; et que devrait-on penser, en effet, d'un Conseil qui est l'œil d'un empire, et qui ignore la cause et la nature d'une révolution faisant explosion près de lui, sur une frontière qui le touche, dans un pays situé à deux degrés de son centre d'affaires?

Cependant votre gouvernement n'était pas sans hommes habiles qui avaient à part leurs inspirations généreuses, et il eut avec eux la gloire de proclamer un principe qui semblait annoncer un nouveau droit des gens. Il avait déclaré, par le principe de non-intervention, que les peuples sont indépendants et libres dans leur enceinte, et que nul n'a le droit de s'immiscer dans les débats d'un royaume étranger. Cette déclaration, trop exclusive sans doute, était cependant féconde en principes d'équité; elle rappelait cette fameuse délibération romaine où le Sénat de la république déclara qu'il n'interviendrait pas dans la cause de Ptolémée d'Égypte, détrôné par son peuple.

Mais cette déclaration si pompeuse abandonnait la révolution belge à elle-même, et cet abandon la livrait à sa perte. Votre gouvernement, qui ne voulait pas la laisser périr, aima mieux immoler le principe que la révolte; et à peine sa loi de justice était écrite, qu'il recourut au droit de la force, démontrant par là la vanité de tout principe absolu. Alors on vit une iniquité sans exemple dans les fastes des siècles despotiques; on vit le roi des Pays-Bas, le seul ayant droit et le seul obligé d'intervenir dans la querelle de ses États, être le premier compris dans le principe de non-intervention, qui ne pouvait être applicable qu'aux gouvernements étrangers. Voilà le point de départ du nouveau gouvernement de France.

Voyons maintenant ce qu'une faute peut enfanter de désastres. La protection que votre gouvernement a accordée à la révolution belge, a ému les contrées qui renfermaient des germes de révolution. La Pologne s'est soulevée sur l'exemple de la Belgique applaudie et secondée dans sa rébellion. Les peuples d'Italie se sont soulevés sur l'exemple de la Pologne et de la Belgique. Les mécontents de l'Allemagne se disposent à lever le même étendard, dans l'espérance que votre gouvernement sera ouvertement, ou en secret, l'ame de toutes ces révoltes. Il n'y a pas, enfin, un conjuré en Europe qui ne tourne les yeux vers la France comme vers sa patrie naturelle, et qui ne se place en idée sous l'aile de son gouvernement protecteur déclaré des rebelles de la Belgique.

Que de désordres, que de maux, que de crimes sont dus à la protection donnée à la révolution belge! Mais c'est la France qui en a fait une révolution; car dans son principe, elle n'était qu'une mutinerie de quelques factieux qui firent leur essai dans Bruxelles. Il y avait si peu d'éléments en ce pays pour y faire une révolution, qu'il a fallu des phalanges de perturbateurs accourus de Paris, pour opérer le bouleversement des villes de la Belgique qui demeuraient dans leur calme et leur devoir. L'empereur Auguste envoyait ses légions chez les peuples étrangers pour apaiser leurs révoltes; la France y envoie les siennes pour les faire éclater.

Si votre gouvernement avait eu la sagesse et la loyauté de désavouer la honteuse révolution de Belgique, aucun peuple ne serait sorti de son repos; les infortunés Polonais, entraînés par la plus fatale séduction, n'offriraient point au monde l'affligeant spectacle de leur désespoir et de leur profonde adversité; l'Italie n'eût pas été souillée de nouveaux meurtres; il ne faudrait pas gémir sur tant de victimes qu'un perfide exemple a perdues, et qui étaient plus dignes que les séditieux de Belgique, de la faveur et de l'amitié de la France. Si le principe de non-intervention si fastueusement dénoncé, eût été fermement observé par votre gouvernement, ces peuples avertis, se voyant réduits à leurs propres forces, n'auraient point hasardé ces révoltes périlleuses. S'ils les ont tentées, c'est que, voyant votre gouvernement le transgresser sans pudeur, et lui substituer au même moment l'intervention armée la plus redoutable, ils crurent qu'il le violerait pour eux, comme pour les révoltés belges, ne supposant pas que sa politique avait une maxime pour un peuple, et une maxime contraire pour un autre.

C'est ici le lieu de le dire : si la France eût su contenir sa révolution, la régler et l'organiser avec sagesse, cet exemple de sagesse et d'équité eût inspiré aux rois et aux peuples de l'Europe des vues de réforme plus sûres que par la propagande armée et outrageante qui menace tous les empires. La France, par ses injustices et ses excès, a répandu la crainte et la haine des innovations politiques; et, en provoquant les révolutions, elle a reculé la réforme de l'Europe, qu'elle aurait avancée, en réglant et modérant la sienne.

Mais on ne déchaîne point les vents, sans former des tempêtes. L'alliance de la révolution de France avec la révolution belge a réuni deux forces menaçantes supérieures à celle de votre gouvernement, et qui lui ont imposé leur joug. Cette union de l'audace démagogique des deux factions de Paris et de Bruxelles, s'est rendue si redoutable que votre gouvernement n'a pas osé lui résister ouvertement, et qu'à peine il a pu échapper à l'action combinée des deux capitales révolutionnaires. Paris est devenu l'asile et le centre de tous les audacieux de l'Europe, qui en ont fait le siége de leurs conjurations. Au sein même de Paris, au pied de votre trône, ils délibèrent sur la destruction de la royauté européenne. Ils en ont renversé une, ils ébranlent la vôtre, ils les menacent toutes. Ils ont tourné en glaives les principes de votre gouvernement. Ils ont vu donner à une vile émeute le nom de régénération nationale ; ils prétendent imprimer ce grand nom à toutes les brutalités populaires. L'exemple et le succès, les secours et les applaudissements, rien n'a manqué à leur témérité. Chefs approuvés d'une armée incendiaire, ils la commandent, et font fléchir tous ceux qu'ils épouvantent. Ils peuvent se glorifier de leur audace; ils vous ont forcé d'affermir, d'honorer, de signer de votre propre sang la plus criminelle rébellion dont l'histoire fasse mention. *Nous pouvons tout exiger, car on nous craint*, a dit l'un de leurs envoyés auprès de Votre Majesté. Vous l'entendez, Sire, un roi de France qui craint une sédition de Belges! c'est un empereur romain qui craint une sédition de Juifs. Dans quelle honte peuvent tomber les plus puissants gouvernements, quand ils sont sortis de la voie de justice!

Mais nous prendrons les choses d'un point plus élevé, car cette grande faute n'en est pas à ses dernières conséquences. La plus considérable, sans nul doute, est l'impression qu'a faite sur l'esprit des Souverains le renversement d'un gouvernement libéral par un gouvernement libéral, dans un moment où une philosophie impérieuse veut que tout gouvernement et tout roi le devienne. C'est la France qui s'est chargée d'apprendre aux rois que la philosophie sur le trône ne les préserve pas plus, et moins même que la tyrannie ; c'est la France qui la première a révélé le néant de cette philosophie politique que l'on prêche aux rois depuis un demi-siècle ; c'est la France qui, par toutes ses voix, exhorte les rois à la modération, à la sagesse, à la justice, qui n'a pas voulu conserver un trône où ces vertus étaient assises : événement qui a jeté la défiance et la crainte sur tous les trônes, qui suspendra ou arrêtera même toutes les concessions libérales ; injustice qui a glacé le cœur des rois prêts à céder aux instances d'une philosophie importune qui faisait bruit de vertus qu'elle n'a pas.

Un roi régnait avec sagesse. Ce roi avait, en peu d'années, porté un royaume naissant à ce haut degré de prospérité où ne parviennent que les anciennes monarchies. Sa protection était le refuge de tous les proscrits de la tyrannie. Il était en haute estime dans la France qui lui confiait ses citoyens persécutés, dans l'Angleterre qui l'avait choisi entre tous les rois pour arbitre de ses différends entre elle et les États d'Amérique, comme autrefois les anciens rois soumettaient les leurs à la sagesse de Rome; et ce monarque, au jour du péril, a trouvé ses plus jaloux ennemis dans les gouvernements libéraux de France et d'Angleterre.

Si telle est la morale et la politique des États constitutionnels, on peut se demander quel avantage ils ont sur les autres gouvernements? S'ils ne sont ni plus justes, ni plus fidèles, ni plus généreux, s'ils le sont moins peut-être, quelle préférence ont-ils droit de prétendre? Si l'injustice et la mauvaise foi sont les mêmes sous des noms différents, que fait aux peuples la forme des gouvernements! il n'y a que la justice qui leur importe. Ils ont espéré la trouver dans les gouvernements constitutionnels; et si elle y est en mépris, la tyrannie n'a changé que de nom, et leur condition n'a point changé de face.

Il faut s'y attendre, le pouvoir absolu se fortifiera de cette iniquité. Elle a porté le découragement dans l'ame des rois qui ne peuvent considérer qu'avec mépris une philosophie qui exige que les rois soient généreux, et qui justifie les peuples d'être ingrats.

Ce n'est pas seulement dans l'ame des rois qu'est entré le découragement, il a aussi atteint le cœur de ces moralistes de conscience, qui ont tant intercédé auprès des rois en faveur des peuples, et qui les ont si puissamment invités à une générosité qui leur est si fatale.

Maintenant nous aborderons ce grand et spécieux argument par lequel la politique française prétend justifier sa fausse direction et le renversement du royaume des Pays-Bas. *Ce royaume*, a-t-on dit, *était un rempart élevé contre la France par la Sainte-Alliance.* Ce point de vue peut séduire une nation ombrageuse qui croit voir enlever un obstacle à son impétuosité guerrière; mais il y a loin d'une phrase militaire à une pensée politique.

La Belgique a toujours été un rempart contre la France, et le sera toujours. Elle fut espagnole, elle fut autrichienne. Quel qu'ait été son drapeau, il fut toujours opposé à celui de France. Dans les occasions rares où elle rechercha la protection de la France, elle y eut recours comme à un remède héroique, pour appuyer ses révoltes et la tirer de ses périls. Hors de ses dangers, elle lui fut constamment hostile. La nécessité l'a quelquefois rapprochée d'elle, l'amitié, jamais. L'histoire ne marque aucun temps où cette contrée fût bienveillante envers la France. *Les Belges n'eurent jamais de sympathie avec les Français.* Cette parole de réprobation, qui a échappé aux hommes sincères de leur Congrès, doit être pour vous une règle de conduite. Nous dirons plus : ils nourrissent d'anciens ressentiments contre eux, et nous ferons l'aveu qu'ils ne sont pas injustes, car la France a toujours pesé de tout son poids sur leur malheureux pays, et les violences et les cruautés des Français sont une partie de leur histoire. Quoique affaibli par le temps, ce ressentiment inné est transmis dans les familles. Votre alliance avec eux est impuissante à l'effacer; alliance sans affection de leur part, qui n'aura de durée que celle de leurs dangers. L'occasion vous révélera le cœur des Belges, comme elle l'a révélé à Napoléon qui les croyait amis, et qui fut trahi par eux sur son champ de bataille.

Mais ce débat nous conduit plus haut, et nous fait monter à la politique de votre grand Aïeul. C'est ici que le champ s'élargit, et que nous verrons les choses d'un horizon moins borné. Le siècle d'Henri IV fut le siècle du génie politique. Ce grand roi, la reine Elisabeth, Philippe II et Sully, ont été les plus puissants génies politiques des temps modernes. C'est dans leurs pensées qu'il faut étudier cette politique savante et large, ces vues profondes, ces conceptions nobles et hardies qui ne peuvent sortir que des grands cœurs. La France de vos jours est féconde en intrigues de cabinet, en ruses diplomatiques, en déceptions habiles ; mais, Sire, rien de grand ne sort des esprits qui vous environnent. Ils vous enferment dans une politique étroite où votre noble cœur est captif, et hors de laquelle sans doute il voudrait s'élancer.

Nous ne parlerons point de Napoléon qui vous a précédé : toute sa politique était écrite sur la lame de son épée. Elle ne contenait qu'une pensée : *vaincre et subjuguer*. Politique facile, tranchante, décisive, mais sans durée, et qui finit le jour où l'épée est brisée.

Votre grand Aïeul, Sire, avait jeté les fondements d'un grand système européen, et dans ce vaste plan se trouve la création du royaume des Pays-Bas sous le nom de *République belgique*, et sous l'autorité de la Maison d'Orange qui venait d'affranchir ces peuples de l'insupportable domination espagnole. Ce n'est point le génie de la Sainte-Alliance qui a fondé le royaume des Pays-Bas, c'est celui de votre grand Aïeul; la Sainte-Alliance n'a fait que réaliser ses plans.

Mais Henri IV lui-même ne faisait que réaliser un projet plus ancien que lui. La Hollande et la Belgique avaient été long-temps réunies sous les Ducs de Bourgogne. Le Duc Charles, ayant même remarqué que toutes ces provinces avaient un lion dans leurs armes, voulut les ériger en royaume sous le nom de *Royaume du Lion*. Charles-Quint eut le même dessein; mais les guerres qui occupèrent tout le cours de son règne ne lui laissèrent pas le loisir de le mettre à exécution [1].

[1] M. de Sully appelle le prince Maurice le général flamand, tant alors la Hollande et la Belgique étaient unies d'intérêt et de nom.

Si l'on vous dit que ces temps sont loin de nous, en voici de plus rapprochés : dans le congrès d'Utrecht, en 1711, on fit la proposition de réunir la Belgique et la Hollande, et d'en former un royaume. La jalousie de l'Angleterre, toujours éveillée sur la Hollande, se signala de nouveau en cette occasion ; elle seule n'y voulut point consentir. Elle pressentait la grandeur de ce nouvel État, et la raison de son refus à cette époque, est la même qui l'a fait coopérer aujourd'hui à l'anéantissement de ce royaume.

Ainsi il y a quatre ou cinq siècles que plusieurs rois ou empereurs ont conçu l'existence du royaume des Pays-Bas, et votre Conseil, sans autre examen, l'a considéré comme une création subite, une innovation, une hostilité même de la Sainte-Alliance, ou, comme il a été appelé, un rempart contre la France.

Mais tous les États qui sont voisins, sont des remparts les uns à l'égard des autres. Si le royaume des Pays-Bas était un rempart pour la Prusse contre la France, il pouvait être aussi un rempart pour la France contre la Prusse. Il était placé pour servir d'appui à l'une ou à l'autre, selon les conjonctures de justice ou d'intérêt. Si votre grand Aïeul avait vu fonder ce royaume à côté du sien, il s'en serait fait un rempart contre l'Europe, et c'est ce que Votre Majesté devait faire. Alors, elle demeurait dans les lois de la justice, et se plaçait dans celles de la politique. Ce sont deux grandes situations perdues pour Votre Majesté.

Il fallait d'ailleurs envisager l'existence du royaume des Pays-Bas sous son aspect naturel et vrai. Ces grandes conceptions politiques sont fondées sur les situations géographiques qui sont invariables, et sur les intérêts respectifs des peuples. Dans cette création, la nature des choses était d'accord avec l'intérêt de la politique. La Hollande et la Belgique sont des contrées qui ont un besoin intime l'une de l'autre. En s'unissant, elles se soutiennent, grandissent et prospèrent. Elles ne peuvent se séparer, sans se nuire et s'affaiblir.

On peut juger de cette vérité par les débats mêmes qui s'agitent entre ces provinces sur les mers, les fleuves et les rivières qui sont indispensables à l'existence de toutes deux. Ces mers, ces fleuves et ces rivières se croisent, se joignent, et entrent dans l'enceinte des deux pays. Il ne faut pas s'étonner des difficultés insolubles qui s'élèvent sur ces questions vitales entre deux pays que la nature a joints, et qu'une politique ignorante veut séparer, malgré le cri des intérêts. Tant que la Belgique ne fut qu'agricole, elle eut moins besoin de la Hollande, mais aujourd'hui le développement de son industrie et l'extension de son commerce la lui rendent nécessaire, et même indispensable.

D'autre part, l'existence politique de ce royaume était le point fixe de l'équilibre européen. L'Angleterre, qui est hors d'atteinte, n'y met pas le même intérêt que les rois du continent qui sont si près des dangers d'un équilibre rompu. Ils n'ont pu voir qu'avec regret et inquiétude la perte de ce royaume si bien situé pour le maintien de la balance politique. La terreur qui s'est jetée dans leurs conseils, a forcé leur consentement. Cette concession fatale est l'œuvre de la crainte.

Toutefois ce royaume est renversé, mais il n'est pas encore en ruines. Sa force morale lui survit. Il vit dans l'esprit des peuples qui le composaient. Le royaume des Pays-Bas a existé. Son existence a été glorieuse. Il a existé pour l'honneur de la royauté. Il a révélé au monde civilisé une nouvelle race de rois; il a existé pour la sûreté de l'Europe et pour la paix du monde; ce royaume avait acquis une haute renommée. Il sera rappelé par cette renommée même, et se joignant à elle, la nécessité politique le relèvera. Dans un temps ou dans un autre, il rentrera infailliblement dans les combinaisons monarchiques. La question des religions qui a servi d'argument à sa division, n'a jamais été un obstacle réel à son maintien; c'est un levier qui n'a eu de force que celle qui lui a été imprimée par les factions intérieures et extérieures. La réunion de la Belgique et de la Hollande était le secret et le gage de leur conservation. Affaiblies par leur démembrement, ces provinces, effacées par les grandes monarchies, courent le risque de s'y trouver enveloppées, et d'y perdre jusqu'à leur nom national, néant dans lequel elles tomberont certainement, si elles ne se reforment en monarchie puissante. C'est pour ces provinces une question d'existence, et pour l'Europe une question de sûreté. C'est la chute de ce royaume qui a ébranlé l'Europe et l'a fait sortir de son état de paix; car il ne faut pas nommer paix un état sans guerre, qui reproduit une partie de ses fléaux, les alarmes, les défiances, les haines, la misère et mille adversités publiques. Il n'y a point de paix réelle quand tout le monde craint la guerre; l'état présent ne donne ni l'une ni l'autre[1]; c'est une situation douteuse et violente qui fatigue plus les peuples qu'une situation prononcée. Il n'y a point de paix réelle quand une nation, qui n'aime et n'estime que la guerre, avertit l'Europe qu'elle veut se précipiter sur elle; quand d'innombrables armées levées pour le défendre, couvrent le sol européen; quand tous les peuples debout sont déja en bataille rangée, et qu'un signal parti d'Orient ou d'Occident peut engager l'action. Voilà la paix qu'a faite la destruction du royaume des Pays-Bas!

Il serait difficile de traiter une telle question, sans parler de cette assemblée d'ambassadeurs connue sous le nom peu glorieux de la *Conférence de Londres.* Est-ce

---

[1] *Pacem neque abnuere, neque polliceri.*
SALL. in Jug.

4.

le génie politique qui a présidé aux œuvres de cette assemblée? Qu'a-t-elle fait de grand, de juste et d'utile? Et ce congrès a-t-il pris une direction conforme au caractère politique des temps modernes?

En présence de l'accroissement rapide des monarchies européennes et du besoin que ressentent tous les peuples d'élargir leur existence, pour se placer dans un plus grand centre de civilisation; en présence de cette marche ascendante des corps politiques, qui tend à simplifier les rouages du système européen, on applaudirait à un concours d'hommes d'état délibérant sur l'étendue nécessaire des monarchies, sur les moyens de les fortifier et de les maintenir, sur les inconvénients des trop petits Etats, sur les avantages des monarchies moyennes: mais comment comprendre une assemblée d'ambassadeurs délibérant sur le démembrement d'une monarchie de second ordre, faisant deux petits Etats d'un Etat moyen, le partageant en deux existences abaissées, en présence des élévations colossales des monarchies européennes; existences incomplètes et éphémères qui ne doivent plus entrer désormais dans les nouveaux plans monarchiques, ne pouvant se maintenir dans cet état de faiblesse et d'impuissance, au milieu de tant de forces supérieures qui les entourent et les dominent?

Ainsi cette Conférence de Londres, instituée avec un éclat si promptement obscurci, qui semblait avoir dans son sein tout le génie politique de l'Europe, n'a produit qu'une œuvre informe, sans vie et sans durée, et qui n'est pas même encore achevée dans sa difformité. Au lieu de jeter de larges bases, d'étendre les fondements monarchiques, elle les a rétrécis. Elle affaiblit l'importance des peuples qui ont besoin de l'agrandir pour conserver leur existence. Elle fait des États-Nains au milieu des États-Géants, qui ne peuvent manquer de les écraser ou de les envahir, au premier mouvement qu'ils feront sur leur point de contact: œuvre périssable, sans justice et sans gloire, vraiment indigne d'une illustre assemblée dont quelques membres ont parcouru de longues carrières diplomatiques. Mais c'est peu d'avoir vieilli dans les artifices politiques, si l'on n'est pas doué du génie créateur des grandes choses.

« Votre grand Aïeul, Sire, avait ce génie créateur, et l'intelligence d'un long avenir. Nous allons mesurer la hauteur de ses vues et entrer dans le système politique qu'il voulait laisser à la France, et que la

France, plus occupée de gloire que d'intérêts, n'a pas su conserver.

L'intérêt de la France était alors d'abaisser la puissance de la Maison d'Autriche en Espagne et en Allemagne, et d'empêcher l'Angleterre de trop s'élever. Ce grand prince avait pénétré que l'alliance des Provinces-Unies avec la France renfermait ces grandes vues; il avait découvert dans cette alliance intime une véritable harmonie d'intérêts, tous les éléments de la prospérité des deux pays, et un contre-poids des forces européennes. Cette union, si utile aux deux nations, dura jusqu'au règne de Louis XIV, qui la conserva d'abord, et la brisa dans son orgueil. C'est alors et depuis que la jalousie de l'Espagne et de l'Angleterre employa tous les moyens permis ou défendus, pour détruire à jamais ce système d'alliance conçu contre leur ambition, et qui leur était si redoutable...

Les meilleures leçons nous viennent de nos ennemis. Philippe II, qui était alors celui de votre Maison, et le plus redoutable qu'elle ait eu, a posé le grand principe politique qui traçait à la France son invariable conduite, et la direction dont elle ne devait jamais s'écarter. Philippe II, le plus haut génie peut-être du monde politique, supérieur à Henri IV et à Elisabeth, le monarque qui avait pénétré le plus avant dans les entrailles et les profondeurs de la science politique, a laissé, en mourant, ces paroles mémorables à son fils :

Regardez comme le plus grand malheur l'union de la France avec les Provinces-Unies, parce qu'il n'en peut résulter qu'une puissance capable de s'assujettir et la terre et la mer ; aucun effort ne doit vous coûter pour empêcher cette union.

Voilà, Sire, en trois lignes un système politique tout entier pour vos ennemis et pour vous-même. La France n'en a bien compris l'importance que sous deux règnes. Son inconstance lui a fait oublier les grandes leçons du roi d'Espagne. Ses ennemis en ont mieux conçu la profondeur, et n'ont eu garde de s'en écarter. L'Angleterre, plus habile que la France, s'est emparée du testament de Philippe II : elle a hérité de sa maxime; elle l'a mise en constante pratique. L'Angleterre, qui a poussé si loin l'intelligence des intérêts politiques, est enfin parvenue à dissoudre une union qui était le plus grand obstacle à ses grandeurs; à cette union dissoute elle doit l'empire des mers.

Le génie militaire de la France la dé-

tournera toujours de la science politique;
en lui montrant de la gloire, on lui fait
perdre la vue de ses intérêts, on l'éblouit
sans peine, elle ne fait cas que de la renommée; ses habiles ennemis sont toujours
sûrs de la conduire par la vanité.

L'Angleterre, qu'aucun orgueil n'emporte
au-delà de ses intérêts, suit son système
politique avec une unité de vues, un ensemble de moyens dont son génie seul est
capable. Sa position lui avait donné l'in-
stinct de sa puissance future. Rivale de la
Hollande, elle a voulu abattre sa prépondérance sur les mers; jalouse de la France,
elle a voulu l'empêcher d'y établir la sienne.
En divisant ces deux puissances, elle a pu
exécuter ses grands desseins. Quoique le
monde soit vaste, elle n'a point voulu de
partage; elle y règne seule. Aujourd'hui
qu'elle est triomphante, on l'entend quel-

quefois déplorer les malheurs de la Hollande, comme on sait que César déplorait la mort de Pompée.

L'Angleterre ne s'arrête point, comme la France, à un intérêt présent et fugitif. Sa vue plane sur plusieurs siècles, et embrasse l'avenir le plus éloigné. Elle a jeté les grandes bases de sa politique extérieure au siècle d'Élisabeth. *Le commerce des Indes,* dit le ministre Cécil à Sully; *est un avantage dont la politique demande qu'on dépouille les Pays-Bas.* Voilà la première pensée. L'Angleterre est partie de ce point pour arriver où elle est. Elle n'a point dévié de sa marche; c'est la même alors et aujourd'hui; elle a vu la ruine des Pays-Bas trois siècles avant l'événement, et pendant ces trois siècles, elle l'a préparée avec cette constance froide et sûre qui doit effrayer ceux qu'elle a résolu de perdre. Jamais la

France ne fut et ne sera capable d'une telle constance; elle n'a point d'ailleurs le génie de l'avenir. Mais sans nous lasser à parcourir ces siècles d'envie et d'inimitié, nous révélerons dans un seul trait toute la conduite et tous les sentiments de l'Angleterre à l'égard de la Hollande: ils sont renfermés dans une pensée qui a détruit une ancienne et fameuse république.

En 1673, le chancelier d'Angleterre, dans sa harangue au parlement, en présence du roi, invoquant la guerre contre les Provinces-Unies, prononça cette sentence de ruine, empruntée à l'ancienne Rome: *Delenda est Carthago:* mot fatal qui représente tout un système politique.

L'Angleterre est toujours conséquente avec elle-même; aussi, croyez que c'est avec une joie vive qu'elle a vu la catastrophe des Pays-Bas et la destruction de ce royaume qui tenait une place si honorable dans le monde politique, et dont la prospérité rapidement croissante commençait à alarmer sa vigilante ambition; mais, Sire, c'est parce qu'elle a vu sa ruine avec joie, que vous deviez la voir avec douleur. Elle a craint de voir renouer l'ancien système d'alliance, le seul qui puisse lui être fatal, et elle a eu l'habileté de vous rendre ennemi d'un pays dont la nouvelle amitié lui serait peut-être plus funeste que l'ancienne; mais où son triomphe serait complet, ce serait à vous engager dans une guerre maritime avec la Hollande, et d'y faire périr ses vaisseaux et les vôtres: elle ne manquera pas d'exalter votre courage et votre gloire, elle sait que c'est la monnaie dont il faut payer la France; mais la Hollande aura perdu ses vaisseaux, et vous aurez perdu les vôtres, et ses forces navales s'accroîtront de vos pertes communes; elle vous promettra la jonction de ses flottes, comme Louis XIV lui avait promis la jonction des siennes dans ses guerres avec la Hollande; mais elle se contentera, comme lui, de les déployer avec grand appareil dans une promenade sur l'Océan. La France ne pénètre point au fond de ces ruses politiques, elle n'y voit que de la gloire et du bruit, et pour que rien ne manque à ses imprudences, elle a des hommes d'état qui la précipitent dans les bras de l'Angleterre, qui n'embrasse que pour étouffer.

Le royaume des Pays-Bas était l'allié naturel du vôtre. La Hollande a dû beaucoup à vos aïeux [1] : elle a trop d'honneur et de

[1] « Le refuge ordinaire des Provinces-Unies était
« Henry IV, qui enfin leur demeura seul, quand tous
« les abandonnèrent. Henry se portait à les obliger avec
« une facilité qui ne pouvait partir de son seul intérêt

probité pour oublier leurs signalés services. Vous pouviez donc compter sur sa foi, si elle avait pu compter sur vous; votre grand Aïeul et les princes d'Orange ont été unis de la plus étroite amitié : la gloire et l'intérêt des deux pays avaient formé et cimenté cette union désirée et vantée par tous vos aïeux et par Louis XIV lui-même'.

« propre, et qui doit lui faire tenir dans l'esprit de ce
« peuple le rang de l'un des fondateurs de sa liberté. »
Mémoires de Sully, tom. V.

' Lettre de Louis XIV aux États-Généraux, en 1657.
« Votre lettre nous a été d'autant plus agréable, que nous y
« avons remarqué que vous n'avez point oublié l'ancienne
« affection que vous avez toujours eue pour cette cou-
« ronne, et que vous êtes persuadés que nous sommes
« en la disposition d'etreindre de plus en plus l'amitié sin-
« cère qui a été glorieuse à votre Republique et si utile
« aux deux États, dont nous et vous pouvons nous pro-
« mettre de grands avantages pour nos communs sujets;

M. de Thou parlant aux Etats-Généraux en qualité de son ambassadeur extraordinaire, *le Roi*, leur dit-il, *se propose d'établir auprès de vous un ambassadeur, pour y entretenir et rétablir cette belle amitié qui a été si utile, si glorieuse, et si avantageuse à la France et aux Provinces-Unies.*

Vous voyez, Sire, que vos ministres se sont dirigés dans une voie contraire aux conseils d'Henri IV, de vos autres aïeux, et du grand roi d'Espagne. Ils ont prétendu changer la nature des intérêts, ou pour mieux en parler, ils ont suivi les conseils de Philippe II pour l'avantage de vos ennemis, et il est certain qu'ils n'auraient pas

« notre intention ne sera jamais autre que celle des Rois
« nos Père et Aïeul de glorieuse mémoire, de favoriser
« vos intérêts comme les nôtres. »

agi autrement, s'ils eussent été les ministres de ce prince.

C'est la ressource commune à tous les ministres qui blessent les grands principes de la politique, d'expliquer leur conduite par la différence des temps; mais c'est ici que leur faute paraît dans tout son jour. La différence des temps, Sire, était toute à l'avantage de Votre Majesté. S'il y avait eu gloire et utilité pour votre Aïeul de faire alliance avec les Provinces-Unies, il y avait pour vous justice et nécessité; mais surtout les temps vous avaient apporté un bonheur que les siens lui avaient refusé. Considérez les travaux, les efforts, les immenses dépenses, les guerres périlleuses qui ont épuisé et fatigué le règne de votre grand Aïeul, pour aider à fonder, même imparfaitement, la république des Pays-Bas, tandis que, sous votre règne, ce royaume était tout formé, uni, compacte, incontesté, riche, puissant, bienveillant pour vous, assis d'ailleurs sur des institutions libérales, identiques avec celles de votre royaume; ajoutez à tant d'avantages la vertu personnelle de son Roi, et le caractère politique des princes de cette Maison, que pouviez-vous souhaiter de plus heureux pour la France et pour vous? Ah! certes, si votre grand Aïeul eût été secondé par des circonstances aussi puissantes, il se serait regardé comme l'arbitre de l'Europe, et cette Angleterre, qui en affecte la domination, serait à peine encore une puissance de premier ordre. Ce ne serait point à Londres que l'on traiterait les affaires du monde politique; c'est Paris qui serait la ville souveraine, et le siége de toutes les causes européennes.

En réparation de tant d'avantages perdus, que vous présente la Belgique incertaine et isolée? une avant-garde et un champ de bataille. Mais c'est un champ de bataille où la France, dans toutes les époques, a été trahie par le peuple qui vous le livre; champ de bataille qui serait mieux nommé *le champ de la trahison*. Le temps, ce grand précepteur des hommes, vous apprendra ce que sont les Belges livrés à eux-mêmes, prenant conseil de leur propre génie : c'est une expérience qui ne manquera pas surtout au prince imprudent qui a fait la faute de se donner à eux, faute grave dans l'ordre politique, faute plus grave dans l'ordre moral.

Entre tous les princes de l'Europe, les seuls princes de la Maison d'Orange avaient des prétentions fondées au trône de la Belgique. Les droits des princes sur les nations naissent des bienfaits qu'elles en ont reçus; et ici les bienfaits sont immenses. La Belgique, autrefois foulée aux pieds par la plus odieuse tyrannie étrangère, opprimée, abaissée sous le double joug de l'Espagne et de Rome, humiliée, proscrite, haïe de ses oppresseurs, traitée en vaincue et en esclave, noyée dans le plus pur sang de ses citoyens, prête à disparaitre dans une entière extermination, les Belges enfin devenus la plus déplorable et la plus infortunée nation de la terre, ont dû leur délivrance, leur liberté, leur existence, à l'amour, au courage, à l'héroïque vertu des princes de la Maison d'Orange.

Si de tels titres sont méconnus, il faut dire qu'il n'y a plus de devoirs et de liens sur la terre; que le bienfait n'est pas une vertu, que l'ingratitude n'est pas un crime; il faut dire que la gloire et la honte sont des noms imaginaires; que la noblesse et la bassesse du cœur sont des sentiments égaux et indifférents.

Si nous étions arrivés à ce point de dissolution morale, il faudrait désespérer de la nature humaine, et l'abandonner à sa dépravation. Espérons mieux de la morale des peuples. Dans les siècles dégradés, la vertu se tait et se voile, mais elle ne périt pas; elle revit avec plus d'éclat, quand ces temps de flétrissure sont éteints, car ils s'éteignent. Si, de nos jours, une peste morale altère le cœur humain, il ne tardera pas à trouver le dégoût dans sa corruption, et il rentrera dans sa vertu, comme dans un élément pur, hors duquel il n'y a point de vie. Le souffle du temps emporte les pestes du cœur, comme les pestes de l'air.

Ainsi, en morale universelle, il sera toujours vrai que les princes bienfaiteurs sont les princes légitimes des peuples, quand le mérite de leurs bienfaits ne s'est point effacé par la tyrannie. Dans la vie de ces princes, non-seulement les bienfaits ne se sont point effacés par la tyrannie, mais ils ont été continués par la plus douce et la plus généreuse autorité qui jamais ait été exercée envers les hommes.

Mais ces princes n'ont pas besoin de louanges; il leur suffit de leur vie écrite. Il n'y a point d'éloquence plus haute que leurs actions. Ils sont les seuls princes qui peuvent répondre à tout par leur histoire. Les défendre contre leurs ennemis, c'est se mettre du côté de la justice.

Pour nous qui nous engageons dans la cause des rois et des peuples, selon le sentiment d'équité qui nous porte vers les uns ou vers les autres, nous ne nous écarterons jamais de cette belle maxime d'un sage et grand ministre: *Que, dans les causes de bien public et d'intérêt général, il ne faut pas se ranger du côté des hommes, mais du côté de la justice.*

Mais comment expliquer la fatalité qui s'attache aux meilleurs rois? Le moindre malheur qui les attend est d'être accablé d'outrages. Sully parlant de votre grand Aïeul, *On peint*, dit-il, *par tout le royaume, un prince si bon avec les couleurs d'un tyran furieux et implacable.* Ainsi le Roi des Pays-Bas, l'un des plus sages qui aient régné, reçoit toutes les injures de la Belgique et de la France; ainsi, vous-même, Sire, vous êtes en butte aux criminelles calomnies des factions qui vous menacent. Henri IV fut appelé *créature de l'enfer*, Louis XVI *tyran*, le roi Guillaume *Néron*, et vous-même! de quels noms infames....

Mais nous n'en souillerons point la plume qui écrit à Votre Majesté.

L'ingratitude des peuples est sans doute la plaie qui saigne le plus au cœur des rois; mais assurément la plus profonde a été faite par la main des Belges. Il est douteux que l'histoire ait cité un peuple qui se soit séparé si entièrement de ses souvenirs historiques, les plus beaux comme les plus chers, et qui ait payé d'un prix si odieux et si cruel des bienfaits dont la reconnaissance devrait se retrouver au cœur de la dernière génération belge.

Les Belges vivent et sont encore un peuple; mais sans la valeur, et le dévouement de leurs princes, les Belges non-seulement ne seraient pas en corps de nation, mais leur nation aurait disparu de la surface de la terre; leur race serait éteinte; elle eût été fauchée comme les races péruvienne et mexicaine, et par le même glaive encore tiède du sang américain, et déja altéré du sang belge. Il faut rappeler la grandeur du bienfait pour mesurer celle de l'ingratitude.

Dans les temps de la colère et de l'inexorable cruauté de l'Espagne, le tribunal de l'Inquisition jeta une sentence d'interdit général sur tous les Pays-Bas. Cette sentence de mort est rédigée en douze articles; le neuvième article de ce terrible anathème renferme ce qui suit :

Nul en ce pays ne sera réputé digne de vivre. Ils seront tous extirpés avec les biens, possessions, arts, métiers et industries. Tout ordre sera abattu, tant qu'il y ait nouveau royaume et nouveau peuple.

La révélation[1] d'un si barbare holocauste remplit tout le pays d'épouvante et d'hor-

---

[1] A Gand, en 1568.

reur. Elle alluma dans le cœur des princes vengeurs cette sublime indignation qui est l'ame de l'héroïsme et la source des grandes choses. Ils engagèrent dans cette sainte cause, leur vie, leurs trésors, tout le sang de leur race. Toute cette époque fut un temps de prodiges. La nation entière était promise au glaive; ils arrachèrent les victimes à la main des bourreaux, et la Belgique, prête à être effacée de la liste des nations vivantes, conserva ses populations réprouvées, et elle dut tant de bonheur et tant de gloire à la valeur et au génie de ses princes libérateurs.

On peut maintenant juger de l'estime qui est due à ce peuple révolté. Il s'est mis un signe sur le front; et il a bien mérité une empreinte historique : *L'ingratitude des Belges doit être aussi célèbre que la foi de Carthage.*

Mais c'est à la noble portion de ce peuple d'effacer cette empreinte; c'est à elle à venger son honneur et ses princes; c'est à elle à prouver que le nom national n'appartient point à la faction qui s'en revêt; que sa révolution même est un fait qui lui est étranger, que ce crime apporté de France, n'est point imputable à la nation belge, et qu'elle est toujours digne de l'estime des peuples et de l'amour de ses anciens libérateurs.

Si le souvenir de ces puissants bienfaits qui était de nature impérissable, a pu sortir du cœur de ces ingrats, qui pourra jamais compter sur leur amour? S'ils se sont soulevés contre ceux à qui ils doivent tout, que réserveront-ils à ceux à qui ils ne doivent rien? Il n'était pas prudent d'en vouloir faire l'essai; et il y avait bien à réfléchir sur l'occupation d'un trône que l'éternelle justice avait rendu à des princes que des bienfaits presque divins signaleront toujours comme princes légitimes de la Belgique.

Il n'y avait point là d'ailleurs de ces charmes enivrants de la puissance qui invitent à tout franchir pour s'en emparer; il n'y avait point là de ces grands arguments de l'orgueil et de l'ambition, qui emportent un prince honnête homme au-delà de son droit et de l'équité; il n'y avait point là non plus de ces forces majeures qui triomphent des résistances de la vertu, et ne tiennent aucun compte des refus de l'honneur. Le nouveau prince de ce pays n'a pas vu, comme Votre Majesté, un glaive suspendu sur sa tête; on ne lui a point tracé ce cercle romain où il fallait se résoudre avant que d'en sortir; les peuples ne lui ont point crié, comme à Votre Majesté : *Il faut régner ou périr!* C'est de sang calme, c'est dans toute la latitude de ses réflexions, c'est dans la liberté de ses sentiments, que ce prince a consenti à porter atteinte à la morale des rois.

En quelles contradictions les peuples sont jetés! On leur commande la justice, et souvent ceux qui la leur commandent, doivent ce qu'ils sont à l'injustice! Quand les rois voudront qu'elle s'établisse entre les peuples, ils devront commencer par l'établir entre eux. Il est temps qu'ils y pensent; l'injustice qui tombe de si haut a trop de poids: les peuples s'autorisent des exemples élevés; quand ils veulent être injustes, ils se justifient par les rois qui le sont.

C'est une faible atteinte portée à la royauté qu'un roi soit détrôné par un peuple; c'est un effet vulgaire du caprice, de l'erreur et de son aveugle emportement;

c'est quelquefois aussi un effet de sa justice, comme nous l'avons vu dans la dernière colère de la France : mais où la royauté reçoit une blessure mortelle, c'est quand un roi juste est détrôné par des rois ; c'est quand la royauté, qui ne doit prendre naissance que des grandes actions ou des grands événements, est le produit sans gloire d'une intrigue populaire. L'honneur ne se contente point de formes illusoires, les assemblées des peuples ont leurs mensonges, aussi bien que les cabinets des rois ; et il y a des choix qui rejettent, comme il y a des élévations qui abaissent.

Le temps est venu de réduire au néant ces subtilités fallacieuses, ces honteuses déceptions qui sont devenues l'esprit d'un siècle qui ne cherche la vérité que dans les choses matérielles, qui porte l'examen et l'analyse partout, excepté dans les vérités morales. Les peuples ont appris c que leur coûtent l'imposture des mots et la vaine apparence des choses.

Le faux ne peut pas toujours régner ; la société ne s'y maintiendrait pas : la vérité ne peut manquer de reprendre sa place et son empire; la morale ne peut pas toujours être chassée de la politique, le monde se dissoudrait, et nous voyons déja à quels périls la royauté s'est exposée, pour l'avoir trop écartée. C'est aux rois et aux rois seuls à rétablir l'ordre moral, en y rentrant eux-mêmes, car la vérité ne sortira pas plus des confusions populaires, que la vertu ne sortira des passions politiques. Il est temps de ramener les gouvernements à ce divin précepte du ministre de votre grand Aieul : *Disons à l'avantage de la vertu, qu'elle est, tout bien considéré, ce qui assure, de la manière la plus infaillible, le succès aux grandes entreprises*[1]. Et ici il est à remarquer que les grands ministres ont toujours établi leur politique sur des principes d'honneur.

Mais les hautes ames sont rares : une main divine les jette une à une par siècle; ce sont les plus glorieux phénomènes de l'humanité, mais tous les temps ne les produisent pas. Il en faudrait une de cette trempe pour comprendre la vôtre, et rendre à la vertu l'ascendant qui, de nos jours, n'est donné qu'à l'intérêt et à la fausse gloire.

N'en doutez point, Sire, si les rois ne séparaient point la justice de la politique, ils feraient adorer la royauté; ils la rendraient inattaquable, ou du moins victorieuse de toutes les attaques. Les rois viennent de se trouver dans une conjoncture

---

[1] M. de Sully, *Mémoires*, tom. I.

où ils auraient pu tirer une puissance infinie de la noblesse d'une seule action. Si le trône de la Belgique, offert à tous les princes, eût été refusé par tous, qui sait jusqu'où cette noble action aurait porté l'estime et l'admiration des peuples? Après un si nouveau trait de grandeur d'ame et d'équité, qui sait s'il serait resté un républicain dans l'Europe?

Mais nous en sommes réduits à ne louer que des vertus imaginaires. Des pensées d'une autre nature ont présidé dans les Conseils souverains. C'est ainsi que les princes méconnaissent le prix de ces sublimes occasions de faire éclater leur respect pour la possession royale, de soutenir la grandeur de la royauté par celle des sentiments, et de la rendre sacrée aux yeux des peuples par ces hautes vertus qui seules renferment un droit divin. Que les rois ici n'accusent point leurs ennemis, eux-mêmes ont blessé la royauté; s'ils ne la dépouillaient pas eux-mêmes, qui oserait porter la main sur elle? Si les trônes sont ébranlés, c'est que les premiers coups partent de la main des rois.

Dans des temps que nous nommons *barbares*, un roi de France [1] avait dit *qu'il ne voudrait pas acquérir un royaume au prix d'une injustice*, et en même temps il refusa celui de Naples. Il est assez honteux d'aller chercher des leçons et des modèles dans le treizième siècle pour les monarques du dix-neuvième.

Dans ces temps que nous nommons *civilisés*, l'Europe n'en est encore qu'au principe de la force. Elle n'a point fait un pas vers des principes plus généreux. *J'admire*, dit Sully, *combien l'Europe, pour être*

[1] Louis IX.

composée de peuples si civilisés, se conduit encore par des principes sauvages et bornés. Elle ne connait d'autre remède et d'autre dénoûment que la guerre. C'est la ressource des grands et des petits États[1].

Que dirait-il aujourd'hui ? le principe de la force n'y fut jamais plus en honneur. La France, nommément, ne fait gloire que de ce principe : toute sa vertu est là. Ses négociations se font en menaces; elle met toute sa politique au bout de ses baïonnettes, comme les peuples d'Asie au bout de leurs flèches. Elle ne veut trancher les nœuds qu'à la manière d'Alexandre. Elle ne s'inquiète ni du juste, ni de l'injuste; toute sa morale est dans la force : nation vouée au génie exalté des conquêtes, ne prenant que de lui seul ses élans et ses inspirations; nation passionnée et guerrière, modelée pour un Ba-

[1] M. de Sully, *Mémoires*, tom. IV.

jazet ou un Charles XII, qui brûle de se jeter sur l'Europe, et dont l'Europe ne doit attendre que des emportements, et toutes les tyrannies des invasions gauloises et des invasions romaines dont les deux génies réunis semblent composer le sien.

Vous savez, Sire, que votre grand Aïeul n'a jamais fait une guerre injuste; il avait donné à la politique de son règne un caractère de noblesse et d'équité qui l'éleva au premier rang des rois ; il fut un modèle pour tous. Le roi d'Angleterre voulut régner comme lui; les princes d'Orange marchèrent aisément sur ses traces; les princes d'Allemagne l'imitèrent. Tel est l'ascendant d'un grand exemple, telle est la puissance de la vertu royale : elle attire, elle entraîne les peuples et les rois. L'Europe entière le proclama le plus grand, parce qu'il fut le plus juste. C'est cette vertu, Sire, qui est la plus chère aux peuples ; ils l'invoquent plus que la liberté même; *pauci libertatem, pars magna justos dominos volunt* [1].

La mission des rois est sublime, mais la seule équité peut en conserver la dignité. *Je suis en tout semblable aux autres hommes,* disait votre grand Aïeul, *il n'y a que la justice qui m'en distingue.* Il est temps qu'elle serve de base à la politique des rois. La pratiquer, c'est la commander aux peuples. Le monde social se flétrit, faute de grands exemples. Une opinion populaire, jalouse et menaçante, presse les rois de rentrer dans la condition de vertus qui a fait décerner les royautés.

Il vous appartenait, Sire, de commencer cette nouvelle ère morale. Il y a assez de

[1] Sall.

vertus, non pas seulement en votre personne, mais en toute votre noble famille, pour sentir en vous et autour de vous la puissance de la fonder. Les circonstances sont fécondes; l'occasion est impérieuse, le danger imminent et la gloire immense. Que ne pouviez-vous pas, s'il y avait eu en vos Conseils des qualités égales à la grandeur des conjonctures, et le génie et l'intelligence d'une époque nouvelle?

Quels regrets que tant de vertus contrariées par une aveugle influence, n'aient pas produit le fruit que l'Europe en avait espéré! Quels regrets que cette influence d'hommes ou d'événements, ait marqué la naissance d'un règne si important à l'ordre moral et politique du monde, par une action qui n'appartient point à celui de la justice; car plus ce règne apparaissait comme une nécessité sociale, et plus il fallait se garder de lui imprimer une tache ; plus on devait le montrer à l'Europe comme renfermant et apportant tous les éléments conservateurs.

C'était votre mission, Sire, et il faut bien vous pénétrer de cette vérité tout à la fois redoutable et consolante, que jamais roi ou chef d'empire n'a eu une existence souveraine aussi pleine de destinées que celle de Votre Majesté. Vous tenez dans vos mains les derniers nœuds d'une civilisation qui se dissout, et vous êtes en présence d'une nouvelle barbarie qui a commencé son invasion. Vous êtes dans un de ces passages effrayants et célèbres dans les annales humaines, où un monde social s'efface, pour faire place à un monde nouveau et inconnu.

Après quarante années de révolutions politiques et morales qui ont détruit toutes les convictions, et altéré toutes les consciences, nous sommes arrivés à un terme fatal où toutes les idées sont devenues confuses, où toutes les intelligences sont tombées dans le désordre. Vous êtes, Sire, le noble et dernier produit d'une civilisation qui va s'éteindre dans la nuit des temps, comme la barbarie qui l'avait précédée; votre règne est le dernier appui d'un antique corps social qui s'écroule, et vous voyez de combien d'épaisses ténèbres ce règne si nouveau est déjà environné. Vos peuples et vous-même y marchez sans flambeau. Les événements vous ont saisi, sans qu'on sache où ils vous entraînent; poussés eux-mêmes par les passions, ils ne s'arrêteront que dans les extrémités où leur nature les emporte. Déja deux années de liberté illimitée ont suffi pour conduire la France aux limites du chaos.

Dans nos tristes jours, toutes les vérités positives sont détruites; les notions du juste et de l'injuste sont confondues; les vertus publiques ne sont plus en honneur; tous les principes sont contestés; rien n'est vrai, rien n'est faux; toutes les doctrines se combattent et se nient; l'esprit de sophisme s'est emparé du monde intellectuel; il y jette l'ignorance, le fanatisme et le désordre, et pousse le monde social à sa dissolution. Une inexprimable confusion règne dans tout l'ordre moral. Tous les liens se disjoignent. Tous les vieux ciments sont détachés de l'édifice. La foi publique se perd; les croyances politiques sont tombées dans le même néant que les croyances religieuses; il n'y a ni force dans le commandement, ni volonté dans l'obéissance. Le respect pour les lois est aussi affaibli que l'amour pour les rois. Tout est mis en problème et en question. L'expérience et les faits disparaissent devant les théories; un monde réel est répudié par un monde idéal. Jetés hors des routes pratiquées, tous les esprits se précipitent dans des routes écartées qui aboutissent à des abîmes.

Ce n'est plus cette France faisant planer son génie sur l'étendue du monde; ce n'est plus ce peuple ouvrant la route aux autres peuples; c'est une nation qui se précipite du faîte où elle dominait toutes les autres; c'est le peuple romain tombant des hauteurs césariennes dans les ténèbres du Bas-Empire.

Quelle tâche! quels travaux! quels devoirs, Sire, de resserrer tous les liens qui se rompent, de ranimer les vertus qui s'éteignent, de diriger la raison qui s'égare, d'arrêter le génie qui s'emporte! Quelle main divine ou humaine pourra relever sur sa base ce vaste monument qui fléchit ? Existe-t-il encore une force capable de le retenir sur sa chute, et d'empêcher que ce grand peuple ne soit écrasé sous son Capitole ?

FIN.

www.ingramcontent.com/pod-product-compliance
Lightning Source LLC
LaVergne TN
LVHW020159100426
835512LV00035BA/1003